Vía Crucis. Fundamentos Teóricos y Bíblicos

Esmeralda Morán

Published by Esmeralda Morán, 2024.

VÍA CRUCIS. FUNDAMENTOS TEÓRICOS Y BÍBLICOS

First edition. December 22, 2024.

ISBN: 979-8227279651

Written by Esmeralda Morán.

Also by Esmeralda Morán

1 Misterios Gozosos (Lunes y Sábado)
Cómo Rezar el Santo Rosario Cada día (Misterios Gozosos)

CÓMO REZAR EL SANTO ROSARIO CADA DÍA. (VERSIÓN CORTA)
Cómo Rezar el Santo Rosario Cada día. Versión Corta

SERIE 2. MISTERIOS DOLOROSOS (MARTES Y VIERNES)
CÓMO REZAR EL SANTO ROSARIO. Misterios Dolorosos

SERIE 3. MISTERIOS GLORIOSOS. Miércoles y domingo
Cómo Rezar el Santo Rosario Cada día. Misterios Gloriosos

SERIE 4. MISTERIOS LUMINOSOS (JUEVES)
CÓMO REZAR EL SANTO ROSARIO. Misterios Luminosos

SERIE 6. Cómo Rezar el Santo Rosario Cada día. (Versión Completa)

Cómo Rezar el Santo Rosario Cada día

Standalone

Compendio de Oraciones que Rezaba Junto a mi Abuelita

Los Diez Mandamientos

Los Siete Pecados Capitales

Los Doce Apóstoles. Vida, Obra y Muerte

La Sagrada Familia. Jesús, María y José

Los Papas. Desde Pedro Hasta hoy

Coronilla de la Divina Misericordia

Las Diferentes Advocaciones de la Virgen María en el Mundo

Los Sacramentos de la Iglesia Católica

Los Videntes de la Virgen María

Los Dogmas Marianos

Entre las Escrituras: Un Viaje a Través de los Evangelistas, las Sagradas Escrituras y las Tradiciones Religiosas

Vía Crucis. Fundamentos Teóricos y Bíblicos

Tabla de Contenido

VÍA CRUCIS

FUNDAMENTOS TEÓRICOS Y BÍBLICOS

Esmeralda Morán

Contenido

Introducción: El Vía Crucis: Un Camino de Pasión y Redención

El **Vía Crucis**, o **Camino de la Cruz**, es una antigua tradición cristiana que invita a los fieles a caminar, paso a paso, por los momentos clave de la pasión y muerte de Jesús. Este acto devocional nos conduce a la reflexión profunda sobre el sacrificio supremo de Cristo, quien entregó su vida para la salvación de la humanidad. A través de sus 14 estaciones, el Vía Crucis nos presenta las etapas cruciales de la Pasión: desde la condena de Jesús hasta su sepultura.

El **fundamento bíblico** del Vía Crucis se encuentra en los Evangelios, particularmente en los relatos de la Pasión, que narran el sufrimiento, la muerte y el sacrificio de Cristo en Jerusalén. Las **estaciones** representan no solo los hechos históricos del **Viernes Santo**, sino también una invitación a vivir de manera más profunda el misterio de la cruz, que es el centro del cristianismo. El **Vía Crucis** no es solo una rememoración, sino una meditación activa que transforma al creyente, guiándolo a través del sufrimiento de Cristo hacia la victoria de su Resurrección.

En los Evangelios de **Mateo**, **Marcos**, **Lucas** y **Juan**, encontramos los relatos de la condena de Jesús, su camino al Calvario, y su crucifixión. Jesús mismo anticipó su pasión, como lo expresa en el Evangelio de **Marcos 10:33-34**, donde predice que será entregado a las autoridades, sufrirá, y será crucificado. Su sufrimiento no es solo físico, sino también espiritual: la carga de los pecados del mundo recae sobre Él. Cada estación del Vía Crucis es una invitación a entrar en este sufrimiento y a comprender más profundamente el amor inmenso de Dios por la humanidad.

Este libro tiene como propósito explorar cada estación del Vía Crucis desde una perspectiva bíblica y espiritual, con la esperanza de que al meditar sobre cada uno de estos momentos, el lector pueda experimentar una transformación interior. La cruz no solo es el lugar de la muerte, sino también el lugar donde la esperanza renace, donde el amor incondicional de Dios se manifiesta de manera más plena.

El **Vía Crucis** es una devoción cristiana que rememora el recorrido de Jesús hacia su crucifixión. Tradicionalmente, consta de 14 estaciones, cada una representando un momento clave en ese camino. Aquí te las dejo:

1. **Jesús es condenado a muerte.**
2. **Jesús toma su cruz.**
3. **Jesús cae por primera vez.**
4. **Jesús encuentra a su madre, la Virgen María.**
5. **Simón de Cirene ayuda a cargar la cruz.**
6. **La Verónica enjuga el rostro de Jesús.**
7. **Jesús cae por segunda vez.**
8. **Jesús encuentra a las mujeres de Jerusalén.**
9. **Jesús cae por tercera vez.**
10. **Jesús es despojado de sus vestiduras.**
11. **Jesús es clavado en la cruz.**
12. **Jesús muere en la cruz.**
13. **El cuerpo de Jesús es bajado de la cruz y entregado a su madre.**
14. **El cuerpo de Jesús es sepultado.**

Cada estación es una oportunidad de meditar sobre el sufrimiento y sacrificio de Cristo.

Meditación para las primeras cinco estaciones del **Vía Crucis**, con sus respectivos fundamentos bíblicos.

1. Jesús es condenado a muerte

Fundamento Bíblico:

"Entonces Pilato, queriendo dar contento a la multitud, les soltó a Barrabás, y entregó a Jesús, después de azotarle, para que fuera crucificado."

(Marcos 15:15)

Meditación:

La condena de Jesús ante Pilato marca el inicio del doloroso camino hacia la cruz. A pesar de su inocencia, el Salvador es entregado a la voluntad de la multitud que, cegada por la ira y el pecado, elige la liberación de un criminal antes que la justicia. Jesús, el Rey de la Paz, es condenado como un malhechor. En este momento, vemos cómo la justicia humana puede ser distorsionada por intereses egoístas y la presión de la multitud. Jesús, sin embargo, no reacciona ni se defiende; Él acepta su destino con un amor incondicional por la humanidad.

Reflexión:

En nuestras vidas, a veces también somos condenados injustamente o enfrentamos la crítica y el rechazo sin razón. ¿Cómo reaccionamos ante ello? ¿Seguimos el ejemplo de Cristo, quien, sin quejarse, aceptó su destino por el bien de todos? Esta estación nos invita a reflexionar sobre nuestra propia disposición a aceptar las pruebas y injusticias con serenidad, confiando en que, a través de ellas, Dios puede realizar una obra mayor en nuestras vidas.

2. Jesús toma su cruz

Fundamento Bíblico:

"Y él, cargando su cruz, salió al lugar llamado la Calavera, que en hebreo se dice Golgota."

(Juan 19:17)

Meditación:

Al tomar la cruz, Jesús asume no solo el peso físico de la madera, sino también el peso de todos los pecados del mundo. La cruz no era solo un instrumento de tortura, sino también un símbolo de la carga del mal y el sufrimiento humano. Al decidir cargarla, Jesús nos muestra el camino hacia la redención. No hay gloria sin sacrificio, ni resurrección sin cruz. Este acto de amor extremo nos invita a reflexionar sobre nuestra disposición a cargar las cruces que se nos presentan en la vida, por más duras que sean, en solidaridad con los sufrimientos de Cristo.

Reflexión:

¿Cuáles son las cruces que cargamos en nuestra vida diaria? ¿Somos capaces de abrazarlas con fe, al igual que Jesús lo hizo, con un corazón dispuesto a dar por amor? La cruz, aunque dolorosa, se convierte en un medio de salvación. Al asumir nuestras propias cruces, encontramos un camino hacia la transformación y la gloria de Dios.

3. Jesús cae por primera vez

Fundamento Bíblico:

"Él fue herido por nuestras transgresiones, molido por nuestros pecados; el castigo de nuestra paz fue sobre él, y por su llaga fuimos nosotros curados."

(Isaias 53:5)

Meditación:

En esta estación, Jesús cae bajo el peso de la cruz, un recordatorio de la debilidad humana y la dureza del sufrimiento. Esta caída es una manifestación de su humanidad, que no está exenta de dolor, agotamiento y frustración. A pesar de ello, Jesús se levanta y continúa su camino, mostrando una vez más su valentía y su determinación para cumplir la voluntad del Padre. La caída de Jesús es una lección de esperanza: aunque caemos en el pecado o en las dificultades de la vida, siempre podemos levantarnos con la ayuda de Dios.

Reflexión:

¿Cuántas veces hemos caído en nuestras vidas, ya sea por debilidad, pecado o sufrimiento? Como Jesús, tenemos la oportunidad de levantarnos, a pesar de nuestros fracasos. Esta estación nos recuerda que el camino hacia la salvación no es lineal, sino que implica caídas y levantamientos. Jesús, en su compasión infinita, está siempre dispuesto a ayudarnos a levantarnos.

4. Jesús encuentra a su madre, la Virgen María

Fundamento Bíblico:

"Estaba cerca de la cruz de Jesús su madre, y la hermana de su madre, María mujer de Cleofás, y María Magdalena."

(Juan 19:25)

Meditación:

En este encuentro entre Jesús y su madre, se expresa la profunda conexión entre ellos, pero también el dolor compartido. María, al ver a su hijo en sufrimiento, experimenta el dolor de una madre que ve a su hijo sufrir injustamente. Jesús, al verla, no solo siente su propio dolor, sino también el dolor de verla sufrir. Este momento es un recordatorio de que en nuestros momentos de dolor y sufrimiento, no estamos solos; María, como madre de todos, está cerca de nosotros, compartiendo nuestro dolor y guiándonos hacia su hijo.

Reflexión:

¿Reconocemos la presencia de la Virgen María en nuestras vidas, especialmente en momentos de dolor y angustia? Al igual que María, podemos ser testigos del sufrimiento del otro, acompañando en el dolor, pero también en la esperanza de que Dios está presente, incluso en el sufrimiento. Esta estación nos llama a mirar a María, fuente de consuelo y fortaleza, para encontrar el coraje de seguir adelante.

5. Simón de Cirene ayuda a cargar la cruz

Fundamento Bíblico:

"Y obligaron a uno que pasaba, Simón de Cirene, padre de Alejandro y de Rufo, que venía del campo, a que le llevase la cruz."

(Marcos 15:21)

Meditación:

Simón de Cirene, un hombre que al principio no parecía tener relación alguna con Jesús, es obligado a cargar la cruz de Cristo. Este acto de ayuda, aunque forzado, tiene un profundo significado. Al igual que Simón, muchas veces somos llamados a cargar las cruces de otros, a veces sin desearlo, pero con la oportunidad de hacer el bien y servir. A través de este encuentro, Simón, aunque quizás no entienda el sufrimiento de Jesús, es parte del plan divino. Su ayuda es una invitación a ser partícipes del sufrimiento de Cristo y, al hacerlo, a experimentar la verdadera solidaridad y amor cristiano.

Reflexión:

¿Estamos dispuestos a ayudar a los demás cuando más lo necesitan, aunque esto implique sacrificio? Simón de Cirene nos muestra que a veces las oportunidades de servir a Cristo llegan de formas inesperadas. Esta estación nos invita a reflexionar sobre nuestra disposición a asumir las cargas de los demás, como un acto de amor y servicio.

Estas primeras estaciones del **Vía Crucis** nos enseñan sobre el sacrificio, la solidaridad, el sufrimiento y la esperanza. En cada una de ellas, vemos un reflejo de nuestras propias experiencias de dolor y redención, y un llamado a imitar el amor incondicional de Cristo.

Meditación de las siguientes estaciones del **Vía Crucis**, con sus respectivos fundamentos bíblicos y reflexiones.

6. La Verónica enjuga el rostro de Jesús

Fundamento Bíblico:

Aunque no hay un versículo específico en las Escrituras que mencione a Verónica de forma directa, la tradición cristiana la reconoce como una mujer piadosa que, en medio de la multitud, se acercó a Jesús para enjugar su rostro con un pañuelo. Esta acción está inspirada en el pasaje de Isaías 53:3:

"Despreciado y desechado entre los hombres, varón de dolores, experimentado en quebranto; y como que escondimos de él el rostro, fue despreciado, y no lo estimamos."

Meditación:

Verónica se presenta como un ejemplo de amor compasivo, que no tiene miedo de intervenir en el dolor de Jesús, a pesar de la multitud hostil que lo rodea. Ella, al enjugar el rostro de Cristo, le ofrece un pequeño consuelo, un gesto de ternura y piedad que es acogido por el Señor. Este acto muestra que, aunque los grandes gestos de salvación son realizados por Cristo mismo, la humanidad también tiene un papel que jugar en la redención: pequeños actos de amor, que a menudo parecen insignificantes, tienen un gran valor en los ojos de Dios.

Reflexión:

¿Cómo podemos ser como Verónica en nuestro entorno? En nuestra vida cotidiana, tenemos la oportunidad de ofrecer consuelo, no solo a aquellos que sufren físicamente, sino también a aquellos que pasan por dolor emocional o espiritual. La importancia de este acto de Verónica nos recuerda que, a veces, los gestos más sencillos pueden reflejar el amor más profundo.

7. Jesús cae por segunda vez

Fundamento Bíblico:

"Él fue herido por nuestras transgresiones, molido por nuestros pecados; el castigo de nuestra paz fue sobre él, y por su llaga fuimos nosotros curados."

(Isaias 53:5)

Meditación:

La caída de Jesús por segunda vez es una manifestación aún más profunda de su humanidad. En medio del agotamiento físico, emocional y espiritual, Jesús sigue adelante en su camino hacia el Calvario. En esta caída, vemos la lucha de Cristo contra el peso del pecado de la humanidad, que es tan grande y profundo que incluso Él, el Hijo de Dios, se ve debilitado por él. Sin embargo, a pesar del sufrimiento, Él no se detiene ni renuncia, sino que se levanta una vez más, en un acto de perseverancia y amor inquebrantable.

Reflexión:

Las caídas de Jesús son una invitación a reflexionar sobre nuestras propias caídas en la vida. Todos, en algún momento, hemos tropezado o nos hemos sentido derrotados. Pero como Cristo, podemos levantarnos. Esta estación nos llama a tener esperanza en las ocasiones cuando nos sentimos agobiados, recordándonos que siempre hay una nueva oportunidad para levantarnos y seguir adelante.

8. Jesús encuentra a las mujeres de Jerusalén

Fundamento Bíblico:

"Pero Jesús, volviéndose hacia ellas, les dijo: Hijas de Jerusalén, no lloréis por mí; llorad más bien por vosotras mismas y por vuestros hijos."

(Lucas 23:28)

Meditación:

En este encuentro, Jesús muestra su profundo amor y compasión por las mujeres de Jerusalén, quienes lloran al ver su sufrimiento. Sin embargo, Él les dirige una advertencia: no se trata de llorar por Él, sino por ellos mismos, porque la injusticia que Él está sufriendo es solo una prefiguración de los sufrimientos que vendrán sobre Jerusalén por el rechazo de la verdad. Este es un momento de profunda misericordia de Jesús, que a pesar de su propio sufrimiento, no se concentra en sí mismo, sino en el bienestar de los demás. Él nos recuerda que, aunque el sufrimiento es parte de la vida, la verdadera tristeza debe radicar en el alejamiento de Dios y el rechazo de su amor.

Reflexión:

Jesús nos invita a ver más allá de nuestro propio dolor y a preocuparnos por el bienestar espiritual de los demás. Muchas veces, estamos tan absorbidos por nuestras propias dificultades que no prestamos atención al sufrimiento de quienes nos rodean. Esta estación nos llama a tener una visión más amplia, a ser sensibles a las necesidades de los demás, a interceder por ellos y a compartir en su dolor.

9. Jesús cae por tercera vez

Fundamento Bíblico:

"Él fue desechado por los hombres, hombre de dolores, experimentado en quebranto; y como que escondimos de él el rostro, fue despreciado, y no lo estimamos."

(Isaias 53:3)

Meditación:

La tercera caída de Jesús es la más dolorosa, pues simboliza la absoluta humillación y el agotamiento total de su cuerpo y su espíritu. A pesar de su sacrificio y su amor, el camino hacia la cruz sigue siendo increíblemente arduo, como un reflejo de cómo, a veces, en la vida, las personas pueden caer repetidamente en sus luchas, sin ver una salida clara. Sin embargo, Jesús se levanta una vez más, mostrando una determinación infinita de cumplir con la voluntad del Padre. Esta caída final es una lección sobre la fortaleza espiritual: incluso cuando parece que hemos llegado al final de nuestras fuerzas, Dios está presente para levantarnos.

Reflexión:

En nuestras propias vidas, también podemos experimentar momentos de agotamiento total, donde sentimos que no podemos más. Esta estación nos recuerda que, aunque el cansancio y la desesperanza nos puedan vencer, siempre podemos recurrir a la fuerza de Dios para levantarnos. Cristo no abandona su misión, y nosotros no debemos abandonar nuestra fe. Él nos da el ejemplo de resistencia, no solo física, sino espiritual.

10. Jesús es despojado de sus vestiduras

Fundamento Bíblico:

"Cuando llegaron al lugar llamado Golgota, allí le dieron a beber vino mezclado con hiel; pero él, después de probarlo, no lo quiso beber. Y habiéndole crucificado, se repartieron sus vestidos, echando suertes sobre ellos, para ver qué se llevaría cada uno."

(Mateo 27:34-35)

Meditación:

Jesús es despojado de sus vestiduras, un acto que no solo refleja su humillación física, sino también la desnudez espiritual de la humanidad ante Dios. Al ser despojado de todo, Jesús muestra el vaciamiento total de sí mismo por amor a nosotros. A través de su despojo, nos invita a reflexionar sobre cuán apegados estamos a las cosas materiales y cómo, en la cruz, Él nos muestra que lo único que verdaderamente importa es nuestra relación con Dios. Jesús, al ser despojado de sus vestiduras, se despoja de todo lo terrenal, mostrándonos que la verdadera riqueza está en la gracia de Dios.

Reflexión:

¿Cuán apegados estamos a nuestras posesiones y a nuestra reputación? La estación nos desafía a preguntarnos si estamos dispuestos a desprendernos de todo lo que nos impide vivir plenamente para Dios. Jesús nos enseña que la verdadera libertad y riqueza no están en las cosas materiales, sino en el amor y la obediencia a Dios. Al igual que Cristo, somos llamados a despojarnos de lo que nos limita, para abrazar lo eterno.

Estas estaciones, como todas las del **Vía Crucis**, nos invitan a reflexionar sobre el sacrificio, la compasión, la perseverancia y la disposición a despojarnos de todo lo que nos aleja de Dios. Cada uno de estos momentos resuena con nuestras propias luchas, caídas, y desafíos, y nos recuerda que, a pesar del sufrimiento, la esperanza y el amor de Dios nos acompañan en cada paso.

Meditación sobre las últimas estaciones del **Vía Crucis**, con sus respectivos fundamentos bíblicos y reflexiones.

11. Jesús es clavado en la cruz

Fundamento Bíblico:

"Entonces le crucificaron, y con él a dos ladrones, uno a la derecha y otro a la izquierda, y Jesús en medio."

(Juan 19:18)

"Y cuando llegaron al lugar llamado de la Calavera, allí le crucificaron; y con él a otros dos, uno a la derecha y otro a la izquierda."

(Lucas 23:33)

Meditación:

El momento en que Jesús es clavado en la cruz es la culminación del sufrimiento físico y espiritual que ha soportado hasta ahora. El dolor de los clavos perforando sus manos y pies simboliza la agonía de todos los seres humanos, y, sin embargo, Jesús no reniega de su misión. Al ser clavado en la cruz, Él se convierte en el Cordero que toma sobre sí los pecados del mundo. La cruz es el lugar donde el amor y el sufrimiento se encuentran, y a través de este sacrificio, Jesús inaugura la salvación para toda la humanidad. Este es un acto que desafía nuestra comprensión, pero también nos invita a acercarnos a la cruz con gratitud y reverencia.

Reflexión:

Cuando pensamos en la cruz, pensamos en el sufrimiento, pero también en el amor más grande que jamás haya existido. Jesús no solo sufre físicamente, sino que también se convierte en el puente que reconcilia a la humanidad con Dios. Cada vez que miramos la cruz, debemos recordar que allí, en ese momento de dolor, también se esconde la mayor victoria: la derrota del pecado y la muerte. ¿Qué significa para nosotros la cruz? ¿Cómo vemos el sacrificio de Jesús en nuestra vida diaria? La cruz nos invita a reflexionar sobre cómo tomamos nuestras propias cruces y cómo seguimos el ejemplo de Cristo en nuestra vida cotidiana.

12. Jesús muere en la cruz

Fundamento Bíblico:

"Y Jesús, clamando a gran voz, dijo: Padre, en tus manos encomiendo mi espíritu. Y habiendo dicho esto, expiró."

(Lucas 23:46)

"Cuando Jesús tomó el vinagre, dijo: Consumado es. Y habiendo inclinado la cabeza, entregó el espíritu."

(Juan 19:30)

Meditación:

En el momento en que Jesús muere en la cruz, el velo del templo se rasga de arriba a abajo (Mateo 27:51), simbolizando que la separación entre Dios y el hombre ha sido superada. La muerte de Jesús es el acto final de su sacrificio, en el que entrega su vida por el perdón de nuestros pecados. Cuando Él pronuncia "Consumado es", no solo declara que su sufrimiento ha terminado, sino que ha cumplido con la voluntad del Padre para que todos podamos tener acceso al Reino de Dios. En su muerte, Jesús no es derrotado, sino que vence la muerte misma y la oscuridad del pecado.

Reflexión:

La muerte de Jesús es el corazón del Evangelio, el sacrificio supremo. Pero, ¿realmente comprendemos lo que implicó? Jesús murió por nosotros, por nuestras transgresiones y debilidades. Su muerte nos abre la puerta a la vida eterna. En nuestra vida cotidiana, podemos vivir con la conciencia de que la muerte de Jesús nos ha dado un nuevo comienzo. Esto nos invita a pensar: ¿Estamos viviendo como resucitados, liberados por la muerte de Cristo, o seguimos atrapados en las cadenas del pecado? La cruz nos llama a vivir en gratitud, reconociendo que solo por su sacrificio tenemos acceso a la gracia y la salvación.

13. El cuerpo de Jesús es bajado de la cruz y entregado a su madre

Fundamento Bíblico:

"Cuando llegó la noche, vino un hombre rico de Arimatea, llamado José, que también era discípulo de Jesús. Este fue a Pilato y pidió el cuerpo de Jesús. Entonces Pilato ordenó que se le diese el cuerpo. Y tomando José el cuerpo, lo envolvió en una sábana limpia, y lo puso en un sepulcro nuevo, que había labrado en una peña, y rolló una gran piedra a la entrada del sepulcro."

(Mateo 27:57-60)

Meditación:

El momento en que el cuerpo de Jesús es bajado de la cruz es profundamente conmovedor. Su madre, la Virgen María, recibe a su hijo muerto en sus brazos, un acto que cumple la profecía de Simeón en el Templo, cuando dijo que una espada atravesaría su alma (Lucas 2:35). Aquí, María es testigo del sacrificio de su hijo, pero también del dolor de ser testigo de la muerte de su Salvador. Este acto de compasión y amor de María nos recuerda que el sufrimiento es parte de la experiencia humana, pero en Él encontramos consuelo y esperanza. El cuerpo de Jesús, que en vida fue la morada del Hijo de Dios, ahora es colocado en las manos amorosas de su madre.

Reflexión:

¿Cuánto dolor se experimenta cuando vemos a un ser querido sufrir o morir? María nos muestra un amor que es fiel incluso en los momentos de mayor oscuridad. En su dolor, ella mantiene la esperanza, pues sabe que la historia no termina con la cruz. Como María, estamos llamados a abrazar nuestras pérdidas y sufrimientos con fe, sabiendo que Jesús ha pasado por lo mismo y, a través de su sacrificio, podemos experimentar la redención. Este momento nos invita a reflexionar sobre cómo enfrentamos el sufrimiento y la muerte en nuestra propia vida, con la confianza de que en Cristo, la muerte no tiene la última palabra.

14. El cuerpo de Jesús es sepultado

Fundamento Bíblico:

"José, tomando el cuerpo, lo envolvió en una sábana limpia, y lo puso en un sepulcro nuevo, que había labrado en una peña, y rolló una gran piedra a la entrada del sepulcro."

(Mateo 27:59-60)

"Y descansaron el día de reposo conforme al mandamiento."

(Lucas 23:56)

Meditación:

El sepultamiento de Jesús es un momento de aparente desolación. Su cuerpo, ahora sin vida, es colocado en una tumba, y una gran piedra cierra la entrada, sellando la oscuridad. En este acto, vemos que la esperanza parece haber desaparecido, que la luz ha sido extinguida. Pero en ese sepulcro, en la aparente derrota, comienza a gestarse la victoria más grande de todas: la Resurrección. Jesús no ha sido derrotado, sino que ha descendido al lugar de los muertos para traerles la luz de la vida eterna. El sepulcro, que parecía ser el final, es el lugar donde comienza el cumplimiento de la promesa de resurrección.

Reflexión:

El sepultamiento de Jesús nos invita a pensar en los momentos de nuestra vida en los que sentimos que todo ha terminado, que estamos atrapados en la oscuridad o en el dolor. Sin embargo, la tumba no es el final. La resurrección está por venir, y con ella, la esperanza renovada. La estación del sepulcro nos enseña que, incluso en los momentos de aparente derrota o silencio de Dios, Él está obrando en lo más profundo de nuestro ser, preparando el camino para una nueva vida. Jesús nos recuerda que, en Él, nada está perdido. La muerte no es el final, sino el inicio de una nueva vida.

Reflexión Final del Vía Crucis:

Estas últimas estaciones del **Vía Crucis** nos invitan a mirar la muerte de Jesús como la culminación de su amor incondicional por nosotros. A través de su sacrificio, Él nos ofrece la vida eterna. El sufrimiento y la muerte en la cruz no son el final de la historia, sino el principio de una nueva creación, donde la resurrección trae consigo la victoria sobre el pecado y la muerte. En cada estación, somos invitados a seguir el ejemplo de Cristo: ofrecer nuestra vida en amor y servicio a los demás, y confiar en que, a través de la cruz, encontramos la vida verdadera.

La práctica del **Vía Crucis** en la Iglesia Católica tiene sus raíces en las antiguas tradiciones cristianas, pero su forma organizada y sistemática tal como la conocemos hoy se consolidó durante la Edad Media. La devoción consiste en rememorar los 14 momentos claves de la pasión de Cristo, desde su condena hasta su sepultura, siguiendo el camino que recorrió hacia el Calvario.

Origen del Vía Crucis:

1. **Orígenes en Tierra Santa:** Los primeros cristianos que vivieron en Jerusalén comenzaron a peregrinar hacia los lugares santos asociados con la pasión de Cristo. A partir del siglo IV, bajo el emperador romano Constantino, se establecieron caminos y estaciones en Jerusalén que señalaban los puntos clave del recorrido de Jesús hacia la crucifixión. Estos caminos se conocían como el "Camino de la Cruz" o "Camino de la Vía Dolorosa". Los peregrinos recorrían estos lugares como forma de meditación y oración, reviviendo el sufrimiento de Cristo.
2. **Desarrollo en Europa:** A medida que las peregrinaciones a Jerusalén se volvieron más difíciles y peligrosas debido a las invasiones y las distancias, los cristianos europeos comenzaron a reproducir estos recorridos en sus propios países. A partir del siglo XIII, comenzó a surgir la práctica de "estaciones de la cruz", especialmente en los monasterios y en las iglesias. Los frailes franciscanos, quienes tenían una profunda devoción por los lugares sagrados en Tierra Santa, desempeñaron un papel importante en la promoción del Vía Crucis en Europa. En 1342, el Papa Clemente VI aprobó oficialmente la práctica del **Vía Crucis** en las iglesias de Europa.
3. **El Papa Clemente XIV y la formalización del Vía Crucis:** Aunque la práctica del Vía Crucis ya era común entre los cristianos medievales, fue en el siglo XVIII cuando el Papa Clemente XIV (en 1742) autorizó que las iglesias pudieran colocar imágenes o cruces que representaran cada estación en sus propios templos. Esto permitió que la devoción fuera más accesible a todos los fieles, sin necesidad de viajar a Jerusalén, facilitando la meditación sobre la pasión de Cristo de manera local.

La Práctica del Vía Crucis Durante la Cuaresma y los Viernes:

El **Vía Crucis** se celebra tradicionalmente los **viernes** de **Cuaresma**, particularmente el **Viernes Santo**, pero también los **viernes de la Cuaresma**. Este es un acto de **penitencia** y **meditación** sobre el sufrimiento de Cristo, en un tiempo de reflexión y preparación espiritual que antecede la celebración de la Pascua. La razón de celebrarlo especialmente los viernes y durante Cuaresma se basa en los siguientes aspectos:

1. **El Viernes: Día de la Pasión de Cristo:** El **viernes** es el día en que, según la tradición cristiana, Jesús fue crucificado. Por lo tanto, es un día especialmente dedicado al recuerdo del sacrificio de Cristo. Cada viernes, especialmente durante la **Cuaresma**, los católicos recuerdan su muerte y su pasión con una mayor profundidad, como un acto de unión con el sufrimiento de Jesús.
2. **Cuaresma: Tiempo de Penitencia y Conversión:** La **Cuaresma** es un tiempo litúrgico de 40 días (sin contar los domingos) que comienza el **Miércoles de Ceniza** y culmina en la **Semana Santa**, con el **Domingo de Ramos**. Es un período de penitencia, oración, ayuno y caridad, orientado a la preparación espiritual para la Pascua. Durante Cuaresma, los católicos reflexionan sobre el sacrificio de Jesús y su llamado a la conversión personal. El **Vía Crucis** es una de las devociones principales durante este tiempo, porque invita a los fieles a meditar sobre el sufrimiento y sacrificio de Cristo, y a imitarlo en su propia vida de sacrificio y penitencia.
3. **Recuerdo de la Pasión a lo Largo de Cuaresma:** Al hacer el **Vía Crucis** en los viernes de Cuaresma, la Iglesia invita a los fieles a recordar la pasión de Cristo de una manera más

profunda. Cada estación representa un momento clave del sufrimiento y sacrificio de Jesús, y, a través de la meditación de estas estaciones, los católicos son llamados a unirse espiritualmente al sufrimiento de Cristo, reconociendo cómo sus propios sacrificios y penurias pueden ser transformados por la gracia de Dios.

4. **Identificación con el Sufrimiento de Cristo:** Al caminar con Cristo en el Vía Crucis, los fieles no solo recuerdan su sacrificio, sino que también se identifican con su sufrimiento. Los viernes de Cuaresma son un momento para reflexionar sobre el dolor personal y colectivo, sobre las dificultades de la vida y cómo estas pueden ser ofrecidas junto con el sacrificio de Jesús. En este sentido, el Vía Crucis invita a vivir el misterio de la cruz de manera personal.

Importancia Espiritual del Vía Crucis:

1. **Reflexión sobre el Amor Incondicional de Dios:** El Vía Crucis invita a los cristianos a contemplar el amor infinito de Dios que se hizo carne en Cristo, quien se entregó voluntariamente por la salvación de la humanidad. Cada estación refleja un aspecto del sacrificio de Cristo, permitiendo a los fieles unirse en oración, meditación y agradecimiento.
2. **Un Llamado a la Conversión:** La Cuaresma es un tiempo de conversión y preparación para la Pascua, y el Vía Crucis, al centrarse en el sacrificio y sufrimiento de Cristo, ayuda a los fieles a arrepentirse de sus pecados, a pedir perdón y a fortalecer su compromiso con la vida cristiana.
3. **Un Camino de Esperanza:** Aunque el Vía Crucis se centra en el sufrimiento de Cristo, también es un camino de esperanza. Al recordar la muerte de Jesús en la cruz, los católicos se preparan para celebrar su **Resurrección** en la Pascua. El Vía Crucis, por lo tanto, también es un recordatorio de que, a pesar del dolor y el sufrimiento, siempre hay esperanza en Cristo, quien vence la muerte.
4. **Solidaridad con los Sufrientes:** El Vía Crucis también ayuda a los cristianos a unirse en solidaridad con aquellos que sufren, ya sea por enfermedades, pobreza, injusticias o persecuciones. Al meditar sobre las estaciones del Vía Crucis, los fieles son llamados a hacer suyos los sufrimientos del mundo y, a través de la oración y la acción, buscar alivio para los demás.

Conclusión:

El **Vía Crucis** tiene su origen en la veneración de los lugares sagrados en Jerusalén, y fue formalizado en Europa durante la Edad Media. Se celebra especialmente los **viernes de Cuaresma** porque el viernes es el día en que Jesús murió en la cruz, y Cuaresma es un tiempo de penitencia y preparación espiritual para la Pascua. Meditar sobre las estaciones del Vía Crucis permite a los cristianos unirse a Cristo en su sufrimiento, reconocer el amor de Dios en la cruz, y prepararse espiritualmente para la resurrección. Es una práctica profunda de reflexión, conversión y esperanza, que nos recuerda que, a través del sacrificio de Jesús, la salvación está al alcance de todos.

Los luteranos, al igual que muchas otras denominaciones protestantes, no practican el **Vía Crucis** de la misma manera que la Iglesia Católica, y esto se debe a varias razones teológicas y litúrgicas que tienen que ver con sus interpretaciones de la fe cristiana, la naturaleza de la adoración y la práctica de la devoción. A continuación, te explico los principales motivos por los cuales los luteranos no están generalmente de acuerdo con esta práctica:

1. Enfoque en la adoración de Cristo frente a las representaciones visuales

Una de las razones clave por las cuales muchos luteranos no practican el Vía Crucis es su énfasis en evitar lo que consideran una **adoración indebida de imágenes** o una **idolatría visual**. Aunque los luteranos no rechazan el uso de imágenes religiosas (como el crucifijo), están mucho más cautelosos en cuanto a la veneración y el culto a las imágenes.

- **Sola Scriptura**: Los luteranos siguen el principio de **Sola Scriptura** ("solo la Escritura"), que significa que las prácticas y tradiciones deben estar basadas en la Palabra de Dios. La Biblia no menciona específicamente el Vía Crucis ni una veneración de las estaciones como un rito. Los luteranos pueden ver la práctica del Vía Crucis como una **tradición humana** que no tiene una base explícita en las Escrituras y, por lo tanto, consideran que no es necesaria ni mandatada para la vida cristiana.
- **Evitar la veneración de objetos**: Según la teología luterana, la veneración de imágenes o de los "campos sagrados" podría llevar a la desviación hacia la **idolatría**, es decir, a un enfoque excesivo en las representaciones materiales (como las imágenes de la pasión de Cristo) en lugar de en Cristo mismo y su obra redentora.

2. Cristo ya ha cumplido su obra de redención

Una de las razones más fundamentales del rechazo luterano al Vía Crucis es su teología centrada en la **completa suficiencia** del sacrificio de Cristo. Para los luteranos, el sacrificio de Jesús en la cruz ya ha sido **completamente cumplido y consumado**, lo que significa que no hay necesidad de repetirse o rememorarse de una manera ritualista.

- **Redención consumada**: En la teología luterana, la **muerte de Cristo es única y suficiente** para la salvación. No es necesario revivir el sufrimiento de Cristo, ya que Él ha pagado por los pecados de la humanidad de manera definitiva. Los luteranos creen que el sacrificio de Cristo es eterno y no requiere una rememoración adicional a través de ritos como el Vía Crucis, ya que esto podría sugerir que la obra de Cristo aún no está completamente consumada.
- **Énfasis en la Resurrección**: La teología luterana, al igual que otras ramas del protestantismo, pone un énfasis mayor en la **resurrección** de Cristo como el punto culminante de la salvación. Mientras que el Vía Crucis pone gran énfasis en la pasión y sufrimiento, los luteranos prefieren centrarse en la victoria que la resurrección de Jesús trae sobre el pecado y la muerte.

3. La liturgia y la devoción luterana

El culto luterano tiende a ser más **sencillo** y **centrado en la Palabra** que en otras tradiciones más ritualistas. Aunque los luteranos celebran el **Viernes Santo** con un servicio solemne de reflexión sobre la pasión de Cristo, no siguen las estaciones del Vía Crucis ni las representaciones visuales de la pasión. Para los luteranos, la **meditación sobre el sufrimiento de Cristo** debe ser profunda, pero no necesariamente vinculada a una serie de rituales específicos que no están directamente fundamentados en la Escritura.

- **Preocupación por la liturgia eucarística**: Mientras que en la Iglesia Católica el Vía Crucis se hace una devoción independiente que puede hacerse en cualquier momento, los luteranos enfocan su liturgia principal en la **Eucaristía** o la **Santa Cena**, que es el medio de gracia principal. La reflexión sobre la pasión de Cristo en el contexto luterano se realiza dentro del marco de la celebración de la Cena del Señor, más que a través de las estaciones del Vía Crucis.

4. Cristo como el único mediador

En la práctica del Vía Crucis, el fiel es invitado a meditar sobre las estaciones y, a veces, en algunas devociones católicas, se emplean mediadores o santos para ayudar en esa meditación (como es el caso de **Verónica** o **Simón de Cirene**). Sin embargo, en la doctrina luterana, hay un fuerte énfasis en que **Cristo es el único mediador** entre Dios y los hombres, como se afirma en 1 Timoteo 2:5:

"Porque hay un solo Dios y un solo mediador entre Dios y los hombres, Jesucristo hombre."

Para los luteranos, **la atención debe centrarse directamente en Cristo** y su obra redentora, sin la necesidad de intermediarios humanos o rituales extra-bíblicos que puedan distraer de ese enfoque directo.

5. Prácticas litúrgicas alternativas en la Cuaresma

Aunque muchos luteranos no practican el Vía Crucis, muchos sí observan la **Cuaresma** como un tiempo de **penitencia** y **reflexión sobre el sacrificio de Cristo**. Sin embargo, en lugar de centrarse en el ritual del Vía Crucis, los luteranos se enfocan más en la **predicación**, la **lectura bíblica**, y la **oración** como medios principales de meditación durante este tiempo. Algunas iglesias luteranas celebran servicios especiales durante los viernes de Cuaresma, pero se enfocan en la reflexión sobre los textos bíblicos de la pasión y la muerte de Cristo, más que en una representación visual.

6. Sostenimiento de una teología de la cruz

Los luteranos están profundamente comprometidos con una **teología de la cruz**, que enfatiza que **Cristo ya ha padecido por nuestros pecados**. No es necesario seguir "reviviendo" ese sufrimiento en rituales externos, ya que **Cristo ya ha hecho todo**. Los luteranos tienden a concentrarse en la proclamación del Evangelio y la enseñanza de las Escrituras sobre la cruz como el medio de salvación, más que en prácticas que pueden percibir como una repetición innecesaria de lo que ya se ha logrado.

Conclusión:

La razón principal por la cual los luteranos no están de acuerdo con la práctica del Vía Crucis radica en su enfoque teológico y litúrgico. Para los luteranos, el sacrificio de Cristo es suficiente y completo, y no es necesario "revivir" el sufrimiento de Jesús a través de rituales de devoción. Prefieren centrarse directamente en la **Palabra de Dios**, la **Eucaristía**, y la **resurrección** de Cristo, y rechazan el énfasis en la veneración de imágenes o las prácticas rituales que no están explícitamente fundamentadas en las Escrituras.

Base Teórica del Vía Crucis

El **Vía Crucis** (del latín *Vía* = camino, *Crucis* = cruz) es una devoción cristiana que consiste en un recorrido de oración y meditación sobre los momentos clave de la Pasión de Cristo, es decir, el camino que Jesús recorrió desde su condena hasta su sepultura. Este camino es representado por 14 estaciones, que son momentos significativos de su sufrimiento, y que ayudan a los creyentes a conectar de manera espiritual con el sacrificio de Jesús. La práctica del Vía Crucis tiene sus raíces en la veneración de los lugares sagrados en Jerusalén, donde los primeros cristianos peregrinaban a los lugares asociados con la Pasión de Cristo. Durante la Edad Media, especialmente a partir de la Edad Moderna, la devoción se extendió por Europa y fue incorporada en las iglesias para ser practicada por los fieles sin necesidad de peregrinar a Tierra Santa.

Evolución y Propósito:

1. **Orígenes en Tierra Santa:** Los cristianos primitivos que residían en Jerusalén comenzaban a hacer el recorrido del **"Camino de la Cruz"** o **Vía Dolorosa**, el mismo trayecto por el que Jesús fue llevado al Calvario para ser crucificado. Estos primeros peregrinos deseaban conectarse con los lugares físicos donde ocurrieron los eventos de la Pasión. Durante el siglo IV, cuando la emperatriz Elena, madre del emperador Constantino, comenzó a hacer excavaciones en Jerusalén, se establecieron los primeros puntos de veneración en los lugares de la Pasión de Cristo. A medida que las peregrinaciones a Tierra Santa se volvieron más difíciles, la Iglesia Católica permitió que los cristianos replicaran estos lugares en sus iglesias locales, creando las **estaciones del Vía Crucis**.
2. **Desarrollo en Europa:** Durante la Edad Media, los franciscanos, por su devoción a los lugares sagrados, jugaron un papel importante en la propagación del Vía Crucis en Europa. En 1342, el Papa Clemente VI otorgó permiso a los monasterios de Europa para erigir cruces o imágenes que representaran cada una de las estaciones de la cruz, permitiendo a los fieles revivir la pasión de Cristo dentro de sus propias comunidades sin necesidad de viajar a Jerusalén.
3. **Fundamento Espiritual:** La base espiritual del Vía Crucis es la contemplación del sufrimiento de Cristo en su camino hacia la cruz. Esta devoción invita a los cristianos a **identificarse con el sufrimiento de Cristo**, a **hacerlo propio**, y a vivir su propia vida cristiana de acuerdo a ese sacrificio. En un sentido teológico, el Vía Crucis refleja la enseñanza cristiana de que el sufrimiento es parte de la experiencia humana, pero que a través de la cruz de Cristo se redime y tiene un propósito redentor. Además, es una llamada a la conversión, la penitencia y la

renovación del compromiso cristiano en el seguimiento de Cristo.

4. **Objetivos del Vía Crucis:**
    - **Unión con el sufrimiento de Cristo**: Ayuda a los fieles a unirse espiritualmente con el sufrimiento y sacrificio de Jesús.
    - **Reflexión y conversión**: Invita a la reflexión sobre la Pasión, llevando al arrepentimiento personal y la conversión.
    - **Esperanza en la Resurrección**: Aunque se medita sobre el sufrimiento y la muerte de Cristo, se enfoca también en la victoria sobre la muerte, apuntando a la resurrección y la salvación que trae la cruz.
    - **Imitación de Cristo**: Llamado a imitar a Cristo, quien cargó con su cruz por amor al mundo, afrontando el sufrimiento con dignidad y sin odio, ofreciendo un ejemplo de cómo vivir las adversidades de la vida.

Base Bíblica del Vía Crucis

Aunque la práctica del Vía Crucis, tal como se presenta hoy con sus 14 estaciones, no está específicamente descrita en las Escrituras, está claramente basada en los relatos de la **Pasión de Cristo** en los Evangelios. Los momentos que se meditan en el Vía Crucis son representaciones de lo que sucedió en la **Pasión de Jesús** y están fundamentados en varios pasajes bíblicos. A continuación, se detallan las bases bíblicas que sustentan cada una de las estaciones:

1. Jesús es condenado a muerte

- **Mateo 27:24-26**: "Pilato, al ver que no conseguía nada, sino que más bien se hacía un alboroto, tomó agua y se lavó las manos ante el pueblo, diciendo: 'Yo no soy culpable de esta sangre; allá vosotros'. Y todo el pueblo respondió: 'Su sangre caiga sobre nosotros y sobre nuestros hijos'. Entonces, les soltó a Barrabás, y habiendo azotado a Jesús, lo entregó para ser crucificado."
- **Marcos 15:15**: "Pilato, queriendo satisfacer a la multitud, les soltó a Barrabás, y después de azotar a Jesús, lo entregó para ser crucificado."

2. Jesús toma su cruz

- **Juan 19:17**: "Y él, cargando su cruz, salió al lugar llamado la Calavera, que en hebreo se dice Gólgota."

3. Jesús cae por primera vez

- **Isaías 53:3**: "Despreciado y desechado entre los hombres, varón de dolores, experimentado en quebranto; y como que escondimos de él el rostro, fue menospreciado, y no lo estimamos."

4. Jesús se encuentra con su madre, la Virgen María

- **Lucas 2:34-35**: "Y Simeón los bendijo, y dijo a María, madre de Jesús: 'Este niño está destinado para la caída y el levantamiento de muchos en Israel, y para señal que será contradicha; y una espada traspasará tu alma, para que sean revelados los pensamientos de muchos corazones.'"

5. Simón de Cirene ayuda a cargar la cruz

- **Mateo 27:32**: "Al salir, hallaron a un hombre de Cirene, llamado Simón, a quien obligaron a que llevase la cruz de Jesús."
- **Marcos 15:21**: "Y obligaron a uno que pasaba, Simón de Cirene, padre de Alejandro y de Rufo, que venía del campo, a que llevase la cruz."

6. La Verónica enjuga el rostro de Jesús

Aunque no se menciona directamente en las Escrituras, esta tradición se basa en una piedad popular. La **"tradición"** sostiene que Verónica, una mujer piadosa de Jerusalén, ofreció un pañuelo para que Jesús se limpiara el rostro, dejando en él una impresión milagrosa de su rostro.

7. Jesús cae por segunda vez

- **Isaías 53:5**: "Pero él fue herido por nuestras rebeliones, molido por nuestros pecados; el castigo de nuestra paz fue sobre él, y por su llaga fuimos nosotros curados."

8. Jesús encuentra a las mujeres de Jerusalén

- **Lucas 23:27-31**: "Y le seguía gran multitud del pueblo, y de mujeres que lloraban y lamentaban por él. Pero Jesús, volviéndose hacia ellas, les dijo: 'Hijas de Jerusalén, no lloréis por mí, sino llorad por vosotras mismas y por vuestros hijos. Porque he aquí que vienen días en los cuales dirán: Bienaventuradas las estériles, y los vientres que no llevaron, y los pechos que no criaron. Entonces comenzarán a decir a los montes: Caed sobre nosotros;

y a los collados: Cubridnos. Porque si en el árbol verde hacen esto, ¿qué sucederá en el seco?'"

9. Jesús cae por tercera vez

- **Salmo 38:4**: "Porque mis iniquidades han sobrepasado mi cabeza; como carga pesada, se han agravado sobre mí."

10. Jesús es despojado de sus vestiduras

- **Mateo 27:35**: "Y cuando le hubieron crucificado, repartieron entre sí sus ropas, echando suertes, para que se cumpliese lo dicho por el profeta: 'Partieron entre sí mis vestidos, y sobre mi ropa echaron suertes.'"

11. Jesús es clavado en la cruz

- **Lucas 23:33**: "Cuando llegaron al lugar llamado La Calavera, le crucificaron allí, y a los malhechores, uno a la derecha y otro a la izquierda."

12. Jesús muere en la cruz

- **Mateo 27:50**: "Pero Jesús, habiendo otra vez clamado a gran voz, entregó el espíritu."
- **Juan 19:30**: "Cuando Jesús hubo tomado el vinagre, dijo: 'Consumado es.' Y, habiendo inclinado la cabeza, entregó el espíritu."

13. El cuerpo de Jesús es bajado de la cruz y entregado a su madre

- **Juan 19:31-34**: "Entonces, los judíos, por ser la víspera de la Pascua, para que los cuerpos no quedasen

en la cruz en el sábado, porque era un día de gran solemnidad, rogaron a Pilato que les quebrasen las piernas y los quitasen. Fueron, pues, los soldados y le quebraron las piernas al primero y al otro que fue crucificado con él. Pero cuando llegaron a Jesús, al verle ya muerto, no le quebraron las piernas. Pero uno de los soldados le abrió el costado con una lanza, y al instante salió sangre y agua."

14. El cuerpo de Jesús es sepultado

- **Mateo 27:57-60**: "Cuando llegó la noche, vino un hombre rico de Arimatea, llamado José, que también era discípulo de Jesús. Este fue a Pilato y pidió el cuerpo de Jesús. Entonces Pilato ordenó que se lo diesen. Y tomando el cuerpo, José lo envolvió en una sábana limpia, y lo puso en su nuevo sepulcro que había labrado en la roca; y roló una gran piedra a la puerta del sepulcro, y se fue."

Conclusión

El **Vía Crucis** tiene una base bíblica sólida en los relatos de la Pasión de Cristo, donde la vida, sufrimiento y muerte de Jesús están profundamente conectados con las Escrituras. Esta devoción invita a los creyentes a meditar sobre el sacrificio de Cristo y a experimentar espiritualmente su viaje hacia la cruz. A través de este recorrido, los fieles no solo reviven los eventos de la Pasión, sino que son invitados a reflexionar sobre el amor inmenso de Dios, el poder redentor del sufrimiento y la victoria definitiva sobre la muerte que Jesús conquistó por nosotros.

La **Iglesia Católica** ha establecido que la práctica del **Vía Crucis** debe realizarse especialmente los **viernes** durante la **Cuaresma**, en particular los **Viernes de Cuaresma** que anteceden a la **Semana Santa**, por varias razones teológicas y litúrgicas profundamente vinculadas con el **misterio pascual** de la Pasión, Muerte y Resurrección de Jesucristo. A continuación, te explico las principales razones por las que la Iglesia Católica ha dispuesto esta práctica y su vínculo con los **viernes** de la Cuaresma.

1. La centralidad del Viernes Santo en la Pasión de Cristo

El **Viernes Santo** es el día en que se conmemora la **crucifixión y muerte** de Jesucristo. La **muerte de Jesús en la cruz** es el acto redentor central del cristianismo, ya que a través de su sacrificio, Cristo reconcilia a la humanidad con Dios.

La **Cuaresma** es un tiempo de preparación espiritual que culmina en la **Semana Santa**, en la cual los cristianos reviven los últimos días de la vida de Jesús en la Tierra. El **Viernes Santo** es especialmente importante porque es el día en que se recuerda el sufrimiento de Cristo. La práctica del **Vía Crucis** en los viernes de Cuaresma prepara espiritualmente a los fieles para ese **momento de la Pasión** que culmina en la **celebración** del **Viernes Santo**.

2. Recordar el sacrificio de Cristo en la cruz

El **Vía Crucis** es una devoción que invita a los fieles a meditar profundamente en los **sufrimientos** de Cristo durante su **camino al Calvario**, desde su condena hasta su crucifixión y sepultura. En este camino, Jesús lleva su cruz, y cada una de las **14 estaciones** representa un momento significativo de ese **camino de dolor** y amor redentor.

Los **viernes** de la Cuaresma, en particular, son días penitenciales en los que la Iglesia hace un llamado a los fieles a reflexionar sobre el sacrificio de Cristo y a unirse a Él espiritualmente, meditando en su **Pasión**. Dado que el **Viernes Santo** es el día en que Cristo muere en la cruz, los viernes de Cuaresma son considerados un momento propicio para realizar esta meditación del **Vía Crucis**, anticipando la conmemoración de la muerte de Jesús.

3. El viernes, día de penitencia y conversión

En la tradición cristiana, el **viernes** ha sido históricamente un **día de penitencia**, en memoria de la **muerte de Cristo**. Desde los primeros siglos del cristianismo, los fieles fueron llamados a **ayunar** y **hacer sacrificios** los viernes en honor a la **muerte de Jesús**. Esta práctica de penitencia tiene su fundamento en la enseñanza de Jesús sobre la **conversión** y la **renuncia al pecado**.

La **Cuaresma** es un tiempo litúrgico dedicado a la conversión y la renovación espiritual. Los **viernes** de Cuaresma se consideran días especiales para reflexionar sobre nuestra vida en relación con el sacrificio de Cristo y hacer actos de **penitencia** y **oración**. La práctica del Vía Crucis los viernes ayuda a los fieles a centrarse en el **sufrimiento de Cristo** y, por ende, a meditar sobre su propio camino de conversión y compromiso con la fe.

4. El símbolo del "camino" hacia la Resurrección

El **Vía Crucis** no solo recuerda el sufrimiento y la muerte de Cristo, sino que también apunta hacia la **Resurrección**. En el cristianismo, la cruz no es el **final**; la resurrección de Jesús al tercer día trae la **esperanza** de vida nueva y la **victoria sobre la muerte**. Los **viernes de Cuaresma**, al realizarse el Vía Crucis, llevan a los fieles a través del **camino de la cruz** con la **mirada puesta en la esperanza de la resurrección**.

A través de la meditación del **Vía Crucis**, la Iglesia recuerda que **Cristo ha vencido a la muerte**. Aunque es un tiempo de penitencia y reflexión sobre el sufrimiento, también es un momento para prepararse espiritualmente para la **Pascua**, que celebra la **Victoria de Cristo**. Los viernes de Cuaresma, al poner de manifiesto el sacrificio de Jesús, permiten que los fieles participen simbólicamente del **camino hacia la Resurrección**.

5. Preparación espiritual para la Semana Santa

La **Semana Santa** es el culmen del **año litúrgico** cristiano, pues es el tiempo en que se conmemoran los eventos más significativos de la **Pasión, Muerte y Resurrección de Jesús**. El **Vía Crucis** en los viernes que preceden a la Semana Santa permite a los cristianos entrar en ese **misterio pascual** de manera progresiva y profunda.

El Vía Crucis realizado durante los viernes de la Cuaresma ayuda a los fieles a prepararse espiritualmente para las celebraciones de la Semana Santa, especialmente para el **Viernes Santo**, cuando se recuerda la **crucifixión** de Cristo. Meditar sobre el sufrimiento de Cristo durante esos viernes de Cuaresma tiene como objetivo **purificar el corazón** y abrirlo a los misterios de la pasión, **muerte y resurrección** de Jesús, que culminan en la **Pascua**.

6. La Tradición de la Iglesia y la devoción popular

La Iglesia Católica ha promovido el **Vía Crucis** como una devoción particularmente significativa durante la **Cuaresma**, ya que proporciona un medio para **revivir los momentos de la Pasión de Cristo** de una manera accesible para los fieles. A través de esta práctica, los cristianos son llamados a **entrar en el misterio de la cruz** y a **identificarse con los sufrimientos de Cristo**. La realización del Vía Crucis los viernes de Cuaresma, con especial énfasis en los viernes que anteceden a la Semana Santa, ha sido una tradición establecida no solo como un acto de **devoción personal**, sino también como una forma de **testimonio colectivo** del sacrificio de Cristo.

Conclusión: La importancia del Vía Crucis los viernes de Cuaresma

La Iglesia Católica ordena la práctica del **Vía Crucis** en los **viernes de Cuaresma** como una **profounda experiencia espiritual** que ayuda a los fieles a unirse al **sufrimiento de Cristo**, meditar sobre su **Pasión** y renovarse en su fe a través de la penitencia y la oración. Este acto de devoción permite a los cristianos **vivir el sacrificio de Cristo** y prepararse espiritualmente para los eventos de la **Semana Santa**, especialmente para el **Viernes Santo**, el día en que se conmemora su muerte en la cruz. A través del Vía Crucis, los fieles son llamados a tomar conciencia de la **profundidad del amor de Dios** manifestado en la cruz y a comprometerse en su propio camino de conversión y renovación espiritual.

Conclusión: La Cruz como Camino de Esperanza y Redención

Al concluir este recorrido por el **Vía Crucis**, somos invitados a contemplar no solo el sufrimiento de Cristo, sino la **profundidad de su amor** y el **misterio de su sacrificio**. Cada estación nos ofrece una lección vital: desde la **traición** hasta la **muerte**, pasando por la **compasión** y el **perdón**, el camino de la cruz es un camino de transformación, de purificación y de conversión.

A través del **Vía Crucis**, los cristianos somos llamados a unir nuestros propios sufrimientos a los de Cristo, a reconocer que en la cruz, el sufrimiento humano ha sido elevado a un acto de redención. Al meditar en cada estación, entendemos que el **camino del dolor no es el fin**, sino el inicio de la victoria. **La Resurrección de Jesús** al tercer día nos recuerda que la muerte ha sido derrotada y que la vida, la esperanza y la gracia surgen siempre después de la cruz.

El **Vía Crucis** no solo debe ser un ejercicio devocional durante la Cuaresma, sino una **práctica constante** que nos invite a seguir a Cristo cada día. Nos llama a asumir nuestras propias cruces, a perseverar en la fe y a ser testigos del amor redentor de Cristo en un mundo necesitado de esperanza.

Al concluir esta meditación, que el Vía Crucis nos impulse a vivir con **gratitud**, **compasión** y **fidelidad**, recordando siempre que la cruz, lejos de ser un símbolo de derrota, es el **símbolo eterno de la victoria sobre el pecado, la muerte y el mal**. La cruz es la manifestación máxima del amor de Dios por nosotros y el camino por el cual somos llamados a la salvación. **Por la cruz, somos salvados.** Que al caminar este Vía Crucis, cada uno de nosotros encuentre en la cruz no solo el sufrimiento de Cristo, sino también la **luz** que nos guía hacia la vida eterna.

Don't miss out!

Visit the website below and you can sign up to receive emails whenever Esmeralda Morán publishes a new book. There's no charge and no obligation.

https://books2read.com/r/B-A-HQSUB-LDRLF

BOOKS 2 READ

Connecting independent readers to independent writers.

Did you love *Vía Crucis. Fundamentos Teóricos y Bíblicos*? Then you should read *Los Dogmas Marianos*[1] by Esmeralda Morán!

[2]

A lo largo de los siglos, la figura de María, la Madre de Jesús, ha ocupado un lugar central en la espiritualidad y teología de la Iglesia Católica. Desde los primeros días del cristianismo, los fieles han contemplado su papel en la historia de la salvación con profunda devoción y respeto, reconociéndola como un modelo perfecto de fe, obediencia y amor. De esta rica tradición de reflexión teológica y oración han surgido los cuatro **dogmas marianos**, verdades de fe proclamadas solemnemente por la Iglesia que expresan la singular relación de María con Dios y con la humanidad.

Un dogma, en el contexto de la fe cristiana, es una verdad revelada por Dios y definida por la Iglesia como esencial para la creencia de los

1. https://books2read.com/u/meaW6l

2. https://books2read.com/u/meaW6l

fieles el cual no está escrito de manera explícita en las Sagradas Escrituras. Los dogmas marianos no solo iluminan quién es María, sino que también profundizan nuestra comprensión de Cristo y de la redención. Cada uno de ellos están intrínsecamente relacionado con el misterio de la encarnación y con el plan salvífico de Dios para la humanidad. En ellos, se manifiestan la especial dignidad de María, elegida por Dios para ser Madre del Salvador, así como su papel como cooperadora en la obra redentora de Cristo.

Los dogmas marianos son cuatro:

La Maternidad Divina (María es la Madre de Dios), proclamado en el Concilio de Éfeso en el año 431.**La Virginidad Perpetua** (María permaneció virgen antes, durante y después del nacimiento de Cristo), confirmado en los primeros concilios ecuménicos.**La Inmaculada Concepción** (María fue concebida sin pecado original), definido por el Papa Pío IX en 1854.**La Asunción de María** (María fue llevada en cuerpo y alma al cielo), proclamado por el Papa Pío XII en 1950.

Cada uno de estos dogmas se fundamenta en una combinación de evidencia bíblica, tradición apostólica y reflexión teológica guiada por el Espíritu Santo. Aunque se recalca que no siempre están expresados de forma explícita en la Escritura, la Iglesia Católica sostiene que están implícitos en la revelación divina y se han desarrollado con el tiempo a medida que los fieles han profundizado en el misterio de María y su papel en el plan de salvación.

Sin embargo, los dogmas marianos no están exentos de controversia. Para muchas tradiciones cristianas, especialmente en el protestantismo, estos dogmas representan desarrollos que no encuentran suficiente respaldo en la Biblia. En este contexto, los dogmas marianos invitan no solo a la devoción, sino también a la reflexión y al diálogo ecuménico.

Este libro tiene como propósito explorar a fondo los **dogmas marianos**, desentrañando su historia, su significado teológico y espiritual, y las razones que llevaron a la Iglesia a definirlos como verdades de fe. En sus páginas, también se abordará el impacto que estas creencias han tenido en la espiritualidad cristiana y en la relación de los fieles con María. A través de un análisis detallado, buscaremos comprender cómo cada dogma enriquece nuestra fe, nos conecta más profundamente con Cristo y nos invita a contemplar el destino al que todos estamos llamados: la unión plena con Dios.

Más allá de la doctrina, este libro es también una invitación a redescubrir a María como compañera y guía en nuestro camino espiritual. Ella, la humilde mujer de Nazaret, es también la Madre amorosa que intercede por nosotros y nos enseña a vivir con la confianza de quien siempre dijo "sí" a Dios. Que al recorrer estas páginas, podamos acercarnos más a María y, a través de ella, al misterio insondable del amor de Dios.

Also by Esmeralda Morán

1 Misterios Gozosos (Lunes y Sábado)
Cómo Rezar el Santo Rosario Cada día (Misterios Gozosos)

CÓMO REZAR EL SANTO ROSARIO CADA DÍA. (VERSIÓN CORTA)
Cómo Rezar el Santo Rosario Cada día. Versión Corta

SERIE 2. MISTERIOS DOLOROSOS (MARTES Y VIERNES)
CÓMO REZAR EL SANTO ROSARIO. Misterios Dolorosos

SERIE 3. MISTERIOS GLORIOSOS. Miércoles y domingo
Cómo Rezar el Santo Rosario Cada día. Misterios Gloriosos

SERIE 4. MISTERIOS LUMINOSOS (JUEVES)
CÓMO REZAR EL SANTO ROSARIO. Misterios Luminosos

SERIE 6. Cómo Rezar el Santo Rosario Cada día. (Versión Completa)

Cómo Rezar el Santo Rosario Cada día

Standalone

Compendio de Oraciones que Rezaba Junto a mi Abuelita

Los Diez Mandamientos

Los Siete Pecados Capitales

Los Doce Apóstoles. Vida, Obra y Muerte

La Sagrada Familia. Jesús, María y José

Los Papas. Desde Pedro Hasta hoy

Coronilla de la Divina Misericordia

Las Diferentes Advocaciones de la Virgen María en el Mundo

Los Sacramentos de la Iglesia Católica

Los Videntes de la Virgen María

Los Dogmas Marianos

Entre las Escrituras: Un Viaje a Través de los Evangelistas, las Sagradas Escrituras y las Tradiciones Religiosas

Vía Crucis. Fundamentos Teóricos y Bíblicos

About the Author

Soy fiel creyente que Dios ama a toda su creación. Nadie vale más que nadie para Él y está muy orgulloso de cada persona porque es a imagen y semejanza de Él.

www.ingramcontent.com/pod-product-compliance
Lightning Source LLC
LaVergne TN
LVHW040954150826
845672LV00002B/690

* 9 7 9 8 2 2 7 2 7 9 6 5 1 *